NOTICE BIOGRAPHIQUE

SUR

RENÉ DE VOYER D'ARGENSON

INTENDANT D'ARMÉE
DU POITOU
AMBASSADEUR A VENISE

(1596-1651)

*Lue à la séance publique de la Société des Antiquaires
de l'Ouest du 4 janvier 1885.*

PAR

Alfred BARBIER

——▷★◁——

POITIERS
IMPRIMERIE GÉNÉRALE DE L'OUEST
RUE DE LA PRÉFECTURE

—

1885

NOTICE

SUR

RENÉ DE VOYER D'ARGENSON

MESDAMES,
MESSIEURS,

J'ai eu l'honneur de lire à la séance publique du Congrès archéologique, tenu dans notre ville au mois de juillet dernier (1), une étude d'ensemble mais très abrégée sur les intendants du Poitou. Pressé par le temps qui m'était dévolu, je n'ai pu qu'effleurer les points saillants d'une institution qui a laissé dans notre province des traces nom-

---

(1) Le vendredi, 4 juillet 1884, dans la belle salle des fêtes de l'Hôtel de ville, qui gagnerait beaucoup à être achevée.

breuses de son autorité discrétionnaire ; — j'ai dû, surtout, passer rapidement sur les noms. Aujourd'hui, resserrant mon cadre dans des limites plus étroites pour entrer dans des détails biographiques nécessaires, je me propose de vous initier à la vie d'un de ces administrateurs royaux, dont la famille est encore représentée dans notre département, et qui a rempli avec une grande distinction, au XVIIe siècle, des emplois importants et divers.

Je veux parler de René de Voyer, chevalier, seigneur d'Argenson, de la Baillolière, de Chastres en Touraine, et de Vueil-le-Ménil en Berry, conseiller ordinaire du roi en son Conseil d'Etat, intendant de justice, police et finances dans les provinces de Poitou, Saintonge, Angoumois, pays d'Aunis et îles adjacentes.

*
* *

D'Argenson est né le 21 novembre 1596, au milieu des agitations du règne de Henri IV. Il était fils de Pierre de Voyer de Paulmy, seigneur d'Argenson, grand bailly de Touraine. Avocat et conseiller au parlement de Paris (1620), conseiller d'Etat en 1625, il obtint un office de maître des requêtes de l'hôtel du roi en 1628. A cette époque, les grands noms et les familles aristocratiques s'élevaient aux premières charges de l'Etat avec une rapidité qui tenait presque du prodige. Toutefois, d'Argenson, par sa capacité exceptionnelle, la supériorité d'un esprit cultivé et plein de ressources, sa conduite qui fut toujours celle d'un homme droit et honnête, devait justifier la confiance que le pouvoir royal lui témoigna à plusieurs reprises et dans des circonstances difficiles.

*
* *

Au début de sa carrière, notre intendant, qui était profondément attaché à la cause des catholiques, assista au siège de la Rochelle (1628), puis accomplit avec autant de zèle que d'énergie les missions délicates qui lui furent successivement confiées par le cardinal de Richelieu, et qui avaient pour but de saper l'influence politique des huguenots en les délogeant de leurs places de sûreté.

En 1629, il avait trente-trois ans. A cet âge, les obstacles sont inconnus et l'ambition monte vite au cœur des natures fortes et généreuses. Il est alors chargé de faire démanteler la citadelle et les fortifications de Bergerac. L'année suivante, l'intendance de la province de Dauphiné lui est confiée en même temps que celle de l'armée qui se rassemblait sur la frontière d'Italie pour envahir la Savoie. Il correspond directement avec Richelieu, investi lui-même des fonctions suprêmes de lieutenant général des armées du royaume, et qui était alors à l'apogée de sa puissance.

Revenu à Paris en 1631, d'Argenson est nommé procureur général près la Chambre de l'Arsenal chargée de sévir contre les nombreux trafiquants qui profitaient des troubles pour « billonner, rogner et altérer les monnaies (1) ».

En 1633, il est fait intendant des provinces de Berry, Touraine, Angoumois, Limousin, Haute et Basse-Marche, Haute et Basse-Auvergne, en même temps que de Saintonge et de Poitou, sous les ordres du prince de Condé,

---

(1) *Mercure Français*, 1631.

gouverneur de tous ces pays, où il avait été envoyé pour réprimer les rébellions suscitées par les partisans de Gaston d'Orléans, frère de Louis XIII, et second fils, aussi turbulent que faible, de la reine Marie de Médicis.

En Auvergne, dans le Bourbonnais, nombre de châteaux qui servaient de refuge aux révoltés furent démolis par les soins du commissaire royal qui s'était préparé à ces expéditions militaires, en rasant le château d'Aubusson, dans la Marche.

L'histoire des intendants ne se rattache donc pas seulement par des faits particuliers à la vie administrative et intime des provinces; elle emprunte encore son intérêt à la politique générale du gouvernement et des ministres, dont ces hauts commissaires étaient les dociles instruments.

*
* *

C'est ainsi que, pendant le règne de Henri IV et au début de celui de Louis XIII, les guerres religieuses et les dissensions intestines agitant sans cesse le pays, il est urgent, en vue d'une préservation sociale qui s'impose, d'envoyer dans les provinces des fonctionnaires spéciaux, revêtus d'une autorité absolue, indiscutable, et chargés de faire prévaloir, au nom du roi, l'ordre et la justice. Et il est à remarquer que la suppression des assises criminelles, extraordinaires et intermittentes, qu'on appelait les Grands-Jours, tenus sept fois à Poitiers, de 1454 à 1634, coïncide, pour ainsi dire, avec la création des premiers intendants de justice en Poitou (1). Grands-Jours et intendants procédaient des mêmes causes pour tendre, les uns après les autres, aux mêmes effets : le châtiment exemplaire des crimes, le relèvement des classes opprimées, le maintien dans l'obéissance royale d'une féodalité remuante et aggressive, la marche définitive du pays vers l'unité nationale qui doit être le couronnement de l'œuvre.

Nos contrées de l'Ouest étaient, plus que le reste du pays, dans un effroyable chaos.

---

(1) En 1454, sous Charles VII; 1519, 1531, 1541, sous François Ier; 1567, sous Charles IX; 1579, sous Henri III; 1634, sous Louis XIII. (V. *Le Parlement et les Grands-Jours de Poitiers*, par Léon Faye, 1855; — *Les Grands-Jours de Poitiers*, par F. Pasquier, 1874).

On jugera de l'état général des esprits par la harangue que les auteurs de la *Satire Ménippée* prêtent à un fameux ligueur, le sieur de Rieux, qui s'écrie dans un moment d'exaltation sauvage : « Vive la guerre, il n'est que d'en avoir, de quelque part qu'il vienne !...... Cependant je courray la vache et le manant, tant que je pourray ; et n'y aura paysan, laboureur ny marchand autour de moy, et à dix lieues à la ronde, qui ne passent par mes mains et qui ne me payent taille ou rançon. Je sçay des inventions pour les faire venir à raison : je leur donne le frontal de cordes liées en cordelière ; je les pends par les aisselles ; je leur chauffe les pieds d'une pelle rouge ; je les mets aux fers et aux ceps ; je les enferme en un four, en un coffre percé plein d'eau ; je les pends en chapon rosty ; je les fouette d'estrivières ; je les sale, je les fais jeusner ; je les attache estendus dedans un van : bref, j'ay mille gentils moyens pour tirer la quintessence de leur bourse, et avoir leur substance pour les rendre bellistres à jamais, eux et toute leur race (1)......................... »

---

(1) *Satire Ménippée*, édition de 1711. Vol 1, p. 97.

M. Gabriel Hanotaux, auteur du meilleur livre

Voilà, sans doute, le langage d'un homme dont la scélératesse n'ignore aucun raffinement dans le crime; mais il est difficile de croire que le sieur de Rieux ait pu accomplir les forfaits abominables que les auteurs de la *Satire* de

---

qui ait été écrit jusqu'à ce jour sur *les intendants de province, de* 1550 *à* 1631, a déjà reproduit ce texte. Je ne pouvais suivre un guide plus autorisé et plus sûr. Il m'eût été facile de multiplier les citations à l'appui de ma thèse en les empruntant à des ouvrages poitevins dans lesquels se trouve énergiquement caractérisé l'état de guerre et d'anarchie des provinces de l'Ouest sous les règnes de Henri III, Henri IV et même de Louis XIII. Je les réserve pour un travail plus complet qu'une simple lecture qui doit être forcément restreinte et préparée au goût des auditeurs. — Il y aurait encore à citer les termes de la commission royale du 2 août 1634, pour la tenue à Poitiers de la Cour de Juridiction appelée vulgairement les *Grands-Jours*, prescrits par la déclaration du 3 avril de la même année. Je me bornerai, quant à présent, à rappeler que ces deux actes de l'autorité souveraine qui sont historiques pour notre ville de Poitiers, choisie pour ces grandes assises « comme une des principales et capitales villes du royaume, commode pour les provinces ressortissant es-dits Grands-Jours », visaient la faiblesse des lois parmi la licence des armes, à la suite de longues guerres civiles....; le besoin de rétablir l'autorité souveraine.....; l'insuffisance des justices ordinaires.....; les affaires, tant civiles que criminelles, regardant les protestants.....; les concussions et exactions en matière d'impôts, de deniers, etc., etc..... On voit, d'après

1594 mettent assez complaisamment dans sa bouche. Quoi qu'il en soit, ce ligueur intraitable qu'on a essayé de réhabiliter, ayant voulu, par un coup d'audace, s'emparer de la personne de Henri IV, fut lui-même capturé et pendu à Compiègne, à la grande joie des paysans.

D'Argenson va se reposer en Auvergne en 1634, et y devient intendant d'armée sous les ordres directs du roi ; il passe en la même qualité dans la grande armée de Picardie, commandée par le maréchal de La Force (1636), et à celle d'Italie (1637).

Il est fait prisonnier à Milan en 1639, y reste six mois, et n'en sort l'année suivante que moyennant une rançon de dix mille écus que la Cour de France envoya. Il trompa les ennuis de sa captivité en traduisant le livre de l'*Imitation de Jésus-Christ* et un *Traité de la Sagesse chrétienne*.

---

cela, quelle a dû être la prépondérance des intendants dans les provinces pendant le xvii siècle. Qu'on ne s'y trompe pas, ils ont été les pionniers laborieux de l'administration moderne en même temps qu'ils ont aidé à l'émancipation politique du pays par leur résistance aux envahissements d'une féodalité redoutable.

En septembre 1641, le roi charge notre intendant de ses pouvoirs pour se transporter en Catalogne et y traiter, avec les députés du Principat, de la cession de ce pays en faveur de Sa Majesté, qui lui donne en même temps l'intendance des armées de terre et de mer de cette province espagnole.

* *

L'étude des lettres, instructions diplomatiques et papiers d'Etat du cardinal de Richelieu (1) permet d'apprécier la valeur des services rendus par d'Argenson dans la période comprise entre 1628 et 1642, soit comme administrateur, soit comme agent politique.

Une lettre adressée par le Cardinal-Ministre à ce personnage, alors qu'il était intendant à l'armée de Catalogne, et datée de Tarascon le 30 juillet 1642, témoigne de l'amitié que Richelieu accordait à son subordonné qui, à son tour, ne voulait pas rester dans l'oubli.

---

(1) Collection des *Documents inédits sur l'histoire de France*.

« Le soin que vous avés pris, dit le premier ministre, d'envoyer sçavoir des nouvelles de ma santé ne me permet pas de laisser retourner le porteur vers vous sans vous en remercier et vous faire cognoistre par ces lignes le gré que je vous en sçay. Mon bras me retient tousjours icy, mais les médecins et les chirurgiens me font espérer qu'il sera bientôt guéry, ce qui ne dépend pas tant de leurs remèdes que de la prospérité des affaires du Royaume aux quartiers où vous êtes. Sa Majesté y a desjà eu tant d'avantages qu'il y a tout lieu d'en espérer la continuation. Je les attends de la bénédiction de Dieu, du bonheur et des soins qui y sont employez. Je ne vous convie point de contribuer en vostre particulier tout ce qu'il sera possible à cette fin, sachant bien que vous n'y oublierez rien. Je me contenterai seulement de vous assurer que je ferai valoir vos services ainsi que vous le pouvés attendre d'une personne qui vous ayme. »

Richelieu croyait peu à la médecine, il était encore plus sceptique à l'endroit des hommes ; mais sa fidélité pour ses amis, quand leur dévouement était absolu comme celui de d'Argenson, était aussi inébranlable que ses haines étaient tenaces.

C'est précisément à Tarascon que le Cardinal eut entre les mains les preuves matérielles de la haute trahison du grand écuyer de Louis XIII, Cinq-Mars, auquel il fit trancher la tête à Lyon, ainsi qu'à son complice de Thou, le 12 septembre 1642. — Laubardemont fut, comme il l'avait été huit ans auparavant dans le triste procès du curé Grandier, à Loudun, le grand justicier du premier ministre, que les raisons d'Etat, quand ce n'était pas des motifs d'intérêt personnel, rendaient impitoyable.

* *

Après avoir laissé les affaires de la Catalogne dans un état des plus satisfaisant, d'Argenson revint en France à la fin de l'année 1643, et, en janvier de l'année suivante, le Reine Régente, Anne d'Autriche, lui confia la charge d'intendant dans les provinces de Poitou, d'Angoumois, du pays d'Aunis et des élections de Saintes et de Cognac, qui faisaient alors partie de la Généralité de Bordeaux. En même temps, pour renforcer l'autorité du nouveau commissaire départi pour l'exécution des ordres du roi dans ces vastes contrées, il est nommé conseiller d'Etat ordinaire et précédé à Poitiers par une missive royale dont j'ai emprunté le texte aux archives de la ville. Elle est du 28 avril 1644, et est adressée aux Maire, Pairs, Echevins et Bourgeois :

« Très chers et bien aimés, ayant appelé près de nous le sieur de Villemontée, qui avait l'intendance de la justice et finances de nos provinces et pays de Poitou, Saintonge et Angoumois, Aunis et îles adjacentes, qu'il a longuement exercée à notre satisfaction, nous avons choisi le sieur d'Argenson, conseiller ordinaire en nos conseils, pour remplir ladite intendance, comme ayant toutes les bonnes qualités requises pour s'acquitter dignement d'un si important emploi, et nous avons bien voulu l'accompagner de cette lettre par l'avis de la Reine Régente, notre très honorée dame et mère, par laquelle nous vous demandons de lui déférer ce qui est dû à ladite charge, et de le considérer en toutes occasions comme une personne en laquelle nous avons une particulière confiance, à quoi nous assurant que vous satisferez, nous ne vous ferons celle-ci plus longue ni plus expresse. Si, n'y faites faute, car tel est nostre plaisir. »

Cette lettre flatteuse ménagea à d'Argenson, de la part de la vieille cité poitevine, un accueil déférent et sympathique.

Les magistrats du Présidial s'empressèrent de venir saluer le successeur de Villemontée à son logis de la Clielle-Brochard. Dom Fonteneau, dans un de ses précieux manuscrits, nous a conservé les détails circonstanciés de la réception du nouvel intendant (1). Mes-

---

(1) Le lundi, 30 mai 1644, M. de Voyer, seigneur d'Argenson, intendant de la justice, police et finance du Poitou, Aulnis, Saintonge et Angoumois, est arrivé en ville; nous l'avons été saluer incontinent à son logis de la Clielle-Brochard, où logeait auparavant M. de Villemontée. M. le lieutenant criminel a porté la parole, assisté des conseillers seulement; il nous a très-bien reçu et a fait grandes civilités, et conduit la Compagnie jusques à la porte de la rue, ayant très longtemps prié M. le lieutenant criminel de passer le devant à la porte de la salle, ce qu'il n'a voulu faire. — Le lendemain, mardi, 31 du même mois, sur ce que ledit sieur d'Argenson a témoigné à M. le procureur qu'il désirait monter au siège pour faire enregistrer lui-même sa Commission, on pria en la Chambre MM. l'assesseur et Bar-

sieurs du corps de ville ne restèrent point en arrière de politesses (1).

---

barin de le voir, afin de savoir sa volonté. Il arrêta qu'il y monterait le vendredi suivant, à cause que le jeudi était l'octave de la Fête-Dieu, et ayant su, par ces Messieurs, qu'on avait la coutume de lire à la Chambre la Commission du Roi de MM. les intendants, et, après, de la faire enregistrer sans autre cérémonie, il arrêta qu'il en serait de même. Il témoigna le désir que son fils, conseiller au parlement de Rouen depuis un an, montât en notre siège. — *Ms. Dom Fonteneau*, t. 74, p. 746.

(1) « Au conseil ordinaire tenu en la maison commune de la ville de Poitiers, le sixième jour de juin 1644, par sire René Rougier, maire, sires Jean Constant, Pidoux-Lambert, François de Brilhac, etc.

» M. le maire a rapporté et fait voir une lettre du Roi sur le sujet de la charge d'intendant en cette province, que Sa Majesté a donné à M. d'Argenson, lequel arriva en cette ville il y a aujourd'hui huit jours, 30 mai dernier, auquel M. le maire, accompagné de bon nombre de Messieurs du corps de ville, alla faire la bienvenue et rendre les compliments accoutumés être faits à ceux qui ont exercé la même charge ; fait présent de vingt-quatre bouteilles de bons vins et six douzaines de flambeaux blancs en deux grandes boîtes de sapin, dont les marchands demandent paiement. Pourquoi, après que M. le maire a été remercié, a été ordonné que la dite lettre du roi sera registrée au présent papier secrétarial pour y avoir recours quand besoin sera,

D'Argenson, dont la commission fut enregistrée au bureau des finances, le 1er juin 1644, résidait habituellement à Poitiers ou à la Rochelle (1). Un des objets de sa mission était d'apaiser les rixes et de dissiper les rassemblements qui avaient lieu parmi les gentilshommes des provinces confiées à sa vigilance, ce à quoi il parvint par des voies amiables et sans user d'aucune rigueur. Il donna ainsi la mesure de son carac-

---

et que les frais qui ont été faits à la réception du dit sieur d'Argenson seront payés par le receveur des deniers communaux dont M. le maire a fait l'advance du sien. »

(1) Thibaudeau, dans son *Histoire du Poitou*, est d'une brièveté désespérante à l'endroit de d'Argenson. Voici tout ce qu'il en dit à propos de l'enregistrement par le Présidial des lettres de gouverneur de Poitiers confiées par la Régente au marquis d'Aumont :

« Le mercredi 8 (juin 1644), M. l'assesseur, accompagné des huissiers, fut au logis de M. d'Argenson, et vinrent ensemble au palais avec M. de Voyer, son fils. M. le doyen rapporta les lettres de M. le marquis d'Aumont, gouverneur de Poitiers ; on arrêta qu'elles seraient registrées, aux charges de l'arrêt de la Cour de n'entreprendre justice contenticuse et sans déroger aux privilèges et franchises de la ville, le tout à cause qu'il est porté qu'il commandera aux garnisons, etc. ». Ed. de 1840, vol. 3, p. 305.

tère conciliant. D'un autre côté, il devait faire rentrer des sommes considérables qui restaient dues sur les tailles, taillons et subsistances des années 1640 et 1641 et même antérieures. — La misère du peuple était si grande que les impôts arriérés dans les deux seules élections de Saintes et de Cognac s'élevaient à la somme de onze cent mille livres, et, que de l'aveu de l'intendant, elles n'étaient pas en état d'en payer cinq cents.

Les gens de guerre occupaient les paroisses, et ces garnisaires brutaux et pillards achevaient de ruiner les malheureux cultivateurs qu'ils forçaient par la violence à se libérer.

D'Argenson, au milieu des difficultés et de l'irritation générale, s'efforça de concilier l'intérêt du trésor royal avec celui des populations. La bonté de son cœur eût fait volontiers pencher la balance en faveur de ces dernières. La taxe des Aisés, qui n'était autre chose qu'un emprunt forcé sur les bourgeois et les marchands, lui causa aussi de véritables embarras, car il avait à lutter contre la rapacité incorrigible des traitants chargés du recouvrement de cet impôt vexatoire. Et ce n'était pas les seuls maux qui vinssent fondre sur la province. Les courses perpétuelles des régiments se rendant d'une frontière à l'autre dévastaient les campagnes, dont les habitants avaient à subir toutes sortes de vexations.

*
* *

D'après les chroniques de la ville de Poitiers (1), la commission d'intendant de d'Argenson aurait été révoquée en 1646, « à la prière des partisans qui faisaient mieux leurs affaires avec son prédécesseur de Villemontée. » Ces quelques lignes, trop courtes, ne me paraissent pas avoir présenté ce fait sous son véritable jour. Dans tous les cas, elles prouveraient le désintéressement de l'administrateur du Poitou. On sait, en effet, que les partisans, traitants ou financiers qui prenaient à ferme les revenus du roi et se chargeaient de la recherche et du recouvrement de l'impôt, abusaient de cette situation pour réaliser des gains si excessifs que,

---

(1) *Dom Fontcneau*, t. 33, p. 72.

de temps en temps, les commissaires départis étaient obligés de leur faire rendre gorge.

J'ai lu encore, dans le *Journal d'Olivier d'Ormesson* (1), la relation d'un incident que je ne puis passer sous silence, parce qu'il semble, après un examen sérieux, entièrement controuvé; le voici : « Le lundy, 23 janvier 1645, l'on nous dit que M. le Chancelier avait nommé des commissaires, et que M. d'Argenson était arrêté prisonnier à Poitiers, à cause de son intendance proche le maréchal de la Mothe. »

D'Argenson sortit les mains nettes et la conscience pure de son intendance de la Catalogne, où son parent le maréchal de la Mothe-Houdancourt était vice-roi, et ce dernier, qui avait été mis en jugement à cause de son échec devant Lérida (juillet 1644), fut lui-même absous par le Parlement de Grenoble. — Quand un général est malheureux, il est bien près d'être trouvé coupable. — Solidaires l'un de l'autre, le commandant en chef et son intendant avaient commis la faute impardonnable de s'être plaints

---

(1) *Documents inédits sur l'Histoire de France.*

avec trop d'aigreur de Mazarin, qui laissait manquer de tout l'armée du brave maréchal.

* *
*

Ce n'avait été, dit un biographe inédit, qu'avec un sentiment pénible que d'Argenson était rentré dans l'administration provinciale, si peu conforme à ses inclinations plus généreuses. « J'ai toujours eu de l'aversion, avouait-il publiquement dans sa harangue au Présidial de Poitiers, pour les affaires qui vont à pressurer les peuples et à prêter mon ministère aux levées de deniers qui se font dans les provinces. » Aussi fut-il au comble de la satisfaction lorsqu'à la fin de mars 1646 il lui fut enjoint de partir pour une nouvelle mission. — Je m'en expliquerai tout à l'heure.

Les fonctions des intendants n'étaient donc pas, comme on serait tenté de le croire, une sinécure, un emploi simplement honorifique exempts de travail, d'obligations et de soucis. Ces hauts fonctionnaires, au milieu d'un monde troublé, d'une société sans équilibre et les lois n'étaient pas obéies, où la force était à peu près tout et le droit peu de chose, supportaient une lourde responsabilité vis-à-vis du roi et de ses ministres. — Si quelques-uns réussirent, beaucoup succombèrent à la tâche.

* *

Après avoir abandonné les intendances provinciales, d'Argenson revint aux missions diplomatiques qui convenaient mieux, je l'ai déjà dit, à ses goûts et à l'ampleur de son esprit. Mazarin, qui avait succédé à Richelieu, lui confia, en mars 1646, des pouvoirs secrets pour traiter au nom du roi Louis XIV avec le Pape, le grand-duc de Toscane et les autres princes d'Italie, en vue d'une alliance offensive dirigée contre les Espagnols. Les confédérés tentèrent de s'emparer d'Orbitello, mais ils ne purent y réussir.

Le 4 avril de la même année, « en considération de sa capacité et expérience, de ses services et emplois importants tant à l'intérieur du royaume qu'à l'extérieur », il est nommé intendant de justice, police, finances et vivres de l'armée de terre qui s'assemblait en Provence. Puis, le 3 janvier 1647, le roi le commet pour assister le maréchal du Plessis-Praslin à l'assemblée des Trois Etats de la province de Languedoc.

Pendant la Fronde, d'Argenson, ne voulant pas se trouver engagé dans l'une ou l'autre des factions qui se disputaient le pouvoir, — d'un côté la Régente et Mazarin, de l'autre la Noblesse et le Parlement, — se retira dans ses terres de Touraine et de Berry.

Ce repos devait être bientôt interrompu. Des démêlés sérieux s'étant élevés entre d'Epernon, gouverneur de Guyenne, et le Parlement de Bordeaux, d'Argenson, dont la Cour appréciait l'expérience consommée, fut prié de s'y rendre et de prévenir par sa médiation la guerre civile. Des séditions populaires lui firent courir les plus grands dangers, et il y aurait nombre de pages intéressantes à écrire sur cette mission, l'une des plus difficiles confiées à notre intendant et qu'il accomplit à son honneur.

Ici semble devoir se terminer, dit le biographe inédit auquel j'ai déjà fait un emprunt, la vie publique de d'Argenson. Parvenu à l'âge où les illusions ont cessé, après tant de fatigues, d'agitations et de travaux, il ne se croyait plus d'autre devoir à remplir que celui de remercier la Providence de l'avoir heureusement conduit au port. Veuf depuis plusieurs années (sa femme, Hélène de La Font était morte en 1638), voyant s'élever autour de lui quatre fils de professions différentes, mais tous de vertus à le combler de joie, il s'était jeté dans le sein de la religion, qui avait toujours eu sa première pensée, se voua complètement à son culte et reçut l'ordre de prêtrise le 24 février 1651 (1).

---

(1) René d'Argenson avait un frère, l'abbé Claude, qui, entre autres dignités ecclésiastiques, occupa dans notre province celles de prévôt de Saint-Laurent de Parthenay en l'église cathédrale de Luçon (1629), et en 1648 de prieur de l'église de Saint-Nicolas de Poitiers où il fut inhumé. Il fut aussi député du Poitou aux Etats de 1649 qui ne furent point assemblés. L'abbé Claude était un homme d'un grand savoir. Il publia divers ouvrages chez l'imprimeur poitevin Fleuriau, parmi lesquels je citerai : *Les éloges funèbres des grands hommes de son temps* et *Ripsimé*, histoire sainte entremêlée d'aventures merveilleuses, dédiée à la Reine. C'est un roman tiré de la légende d'une sainte d'Arménie.

Le moment est venu, Mesdames et Messieurs, d'interrompre un instant l'ordre chronologique de ce récit pour vous apprendre que, pendant sa courte intendance dans le Poitou et les provinces voisines, d'Argenson entretint, avec un de ses contemporains qui occupe une place d'honneur dans l'histoire des lettres du dix-septième siècle, et que Bayle appelle « la plus belle plume de France », une correspondance peu connue, mais qui n'en est pas moins intéressante. Il s'agit de Guez de Balzac, conseiller du roi en ses conseils, l'un des premiers académiciens, l'auteur trop oublié du *Prince*, de *discours*, de *lettres et pensées*, du *Socrate Chrétien* et de quelques autres chefs-d'œuvre qu'on ne lit plus guère (1).

Ces esprits d'élite étaient faits pour se comprendre. Le même âge et les mêmes goûts les rapprochaient naturellement, malgré la diversité de leurs occupations. L'un vivait solitaire dans sa petite terre de Balzac, sur les rives tranquilles de la Charente, l'autre dans l'activité fiévreuse des camps et des

---

(1) Voir sa biographie, *Dictionnaire de Bayle*, tome Ier, p. 620.

missions politiques; d'un côté le calme d'une belle âme, de l'autre les agitations d'une vie austère et laborieuse traversée par toutes sortes de graves soucis. Balzac, ayant fixé ses pénates dans l'Angoumois, se trouvait être le client de d'Argenson qui, de temps en temps, dans ses chevauchées administratives, ne manquait pas de visiter un ami dont il appréciait les mérites et l'attachement.

A cette époque de rénovation de la langue française, la forme épistolaire était en grande faveur. Elle prêtait merveilleusement à la communication des pensées intimes, à la peinture des mœurs, de détails en apparence futiles, mais qui, sous une plume exercée, observatrice, mordante, quelquefois satirique, excitaient la verve des auteurs, leur attiraient la faveur des grands, quand ce n'était pas des représailles, et réveillaient la curiosité du public.

Les lettres de Balzac, qui sont nombreuses, ont été en partie écrites dans cet esprit : « Prier le maire de faire r'abiller un mauvais chemin; demander à un intendant de justice la décharge d'un Aisé, ou la diminution des tailles d'une paroisse; remercier un amy d'une faveur qu'il a faite ou qu'il a voulu faire, ne sont pas matières qui soient guères capables de belles formes ni qui puissent réussir en toutes sortes de mains »; dans celles de Balzac, elles prenaient un tour d'originalité et de grandeur qui leur donnait avec la vie un charme réel.

Cet écrivain, qui eut comme tous les gens de grand mérite ses apologistes et ses détracteurs, entretenait avec les hommes marquants de son époque une correspondance très active. Nous trouvons en effet dans ses œuvres des lettres adressées aux intendants de Villemontée et d'Argenson père et fils en Poitou, de Frémin en Limousin, aux cardinaux de Richelieu et de la Valette, à Conrart, conseiller et secrétaire de Louis XIII, dont la stérilité littéraire inspira à Boileau cet hexamètre plus connu qu'il n'est malin :

« Imitons de Conrart le silence prudent » ;

à Bouthillier, surintendant des finances, à Ménage, le protégé de Mazarin, à Montausier, gouverneur de la Saintonge et de l'Angoumois, à Saumaise, à Corneille, enfin à nombre de personnages qui se trouvent avoir encore un relief historique que le temps, notre maitre, n'a point effacé.

Voici une de ces épitres familières adressées par de Balzac à son ami d'Argenson ; sa franche bonhomie et son abandon la rendent vraiment curieuse. Elle est du 1er août 1645 (1).

« Monsieur,

« Je ne suis pas si obscur que je pensois, puisque l'homme du Roy me traite d'Illustre ; et je dois me conter (2) pour quelque chose, puisque du haut de vostre Intendance vous faites descendre vos soins jusques dans les valons de mon Hermitage. De vous rendre comte particulier de ce que j'y fais, c'est ce que je n'oserois entreprendre ; et la Relation seroit peu digne de la curiosité d'un homme qui connoist toutes les Cours et tous les Estats (3). Il faut pourtant vous obéir,

---

(1) *Lettres choisies du sieur de Balzac*, éd. de 1658; lire à la page 37 une autre lettre à d'Argenson du 8 octobre 1645.

(2) L'orthographe à cette époque n'était pas formée, elle était par conséquent très variable.

(3) Allusion aux missions diplomatiques de d'Argenson à l'étranger.

et vous dire un petit mot, ou de ce que je fais ou de ce que je ne fais pas. Ma vie, Monsieur, est un morne assoupissement, interrompu néantmoins par quelques visions assez agréables. Je n'ayme point la Chasse comme la plus part de mes voisins : je n'entends point l'Agriculture comme notre Monsieur d'Andilly (1) : je n'ay point de Nymphe domestique pour me désennuyer avec elle, comme le bonhomme Numa (2) et le bonhomme des Yveteaux (3). Je ne sçay ni le Hoc, ni la Prime (4), ni le Trictrac. Si bien qu'il m'est force de méditer quelquefois sur les livres, pour ne pas tousjours languir dans l'oysiveté. Mais il faut de plus que vous sçachiez que tout ce que je médite ne se perd pas en le méditant. J'employe du papier et un copiste : j'envoye de temps en temps à mes bons Seigneurs et amis de

---

(1) Ecrivain qui s'était retiré à Port-Royal-des-Champs.

(2) La nymphe Egérie. Numa, s'il a jamais existé, aurait vécu jusqu'à l'âge de 83 ans.

(3) Vauquelin des Yvetaux, poète, qui fut renvoyé de la cour à cause des désordres de sa vie licencieuse.

(4) Jeux de cartes à la mode à cette époque.

quoy justifier mon loisir, ou pour le moins de quoy l'excuser. Puisque vous devez estre à Poitiers le quinziesme de ce mois (15 août 1645), vous y recevrez un présent de cette nature. Et si mon carosse n'estoit boiteux par la perte que j'ay faite de deux chevaux, je serois moy mesme le porteur de ma marchandise..... »

Nous avons changé de style, mais nous emprunterions volontiers au célèbre écrivain la finesse de son esprit et sa gaieté vive et sérieuse qui est presque inimitable.

*
* *

La Bibliothèque du Louvre possédait les papiers d'Argenson, collection unique de pièces, lettres politiques, historiques et littéraires relatives à cette famille. Le tome quatorzième de ces manuscrits (il y en avait soixante-un en cinquante-six volumes) était spécialement composé de documents relatifs à l'intendance de Poitiers pour l'époque comprise entre 1644 et 1646. Ces papiers ont été brûlés avec tant d'autres dans la nuit du 23 au 24 mai 1871 sous le règne sanglant de la Commune. Cette destruction barbare nous prive de documents historiques originaux qu'il nous est impossible de reconstituer d'une manière utile, à l'aide des archives locales fort pauvres sur cette période administrative de notre province. Il ne nous reste que le catalogue des manuscrits brûlés (1), nomenclature aride et sommaire, mais qui suffit encore à établir le rôle marquant joué dans les affaires publiques du pays par la famille de Voyer-d'Argenson, sous les règnes de Louis XIII, Louis XIV et Louis XV.

*
* *

J'arrive aux dernières années de notre personnage qui, ayant été nommé ambassadeur à Venise en 1650, y fut bientôt remplacé par son fils aîné, alors âgé de vingt-six ans, à la condition imposée par le Ministre d'Etat de Lyonne que le jeune ambassadeur prendrait conseil de son père jusqu'à ce qu'il fût parfaite-

---

(1) *Les manuscrits de la Bibliothèque du Louvre*, par Louis Pâris, 1872.

ment au courant des affaires qu'il devait négocier. Il s'agissait de rétablir la paix entre l'Empire Turc et Venise, l'un et l'autre alliés de la France.

D'Argenson père ne se rendit à son poste qu'à la fin de juin 1651. Sa santé, déjà altérée, ne put résister aux fatigues d'un long voyage et au climat insalubre de sa nouvelle résidence. Après quelques jours de maladie, il succomba le 14 juillet suivant, à l'âge de cinquante-cinq ans. Il fut enterré dans l'église de Saint-Job (1), aux frais de la République, avec une pompe extraordinaire. La piété de son fils lui éleva un magnifique tombeau digne en tout de ses vertus et de ses talents.

Les armes de René d'Argenson étaient: Écartelé aux 1 et 4 d'azur, à deux lions léopardés, d'or, passant l'un sur l'autre,

---

(1) **S. Giobbe**, église des Cordeliers observantins, qui prétendaient être en possession du corps de saint Jean l'Evangéliste. On y voit le tombeau du doge Christophe Mauro, mort en 1470, qui fut le fondateur du couvent, et celui de M. d'Argenson, qui mourut en 1651. Il était pour lors ambassadeur de France à Venise, comme M. le marquis de Paulmy, l'un de ses descendants, l'est encore actuellement en 1768. — *Voyage d'un Français en Italie* (Delalande).

couronnés de même, armés et lampassés de gueules, qui est de Voyer. — Aux 2 et 3 d'argent à une fasce de sable, qui est de Gueffault.

La République des Doges accorda à son fils, pour marque de la considération qu'elle avait de sa personne, de porter sur le tout des armes ci-dessus celles de Venise : Le Lion ailé, assis, d'or, tenant un livre ouvert d'argent sur lequel on lit cette devise : *Pax tibi, Marce, Evangelista meus.*

Un portrait en forme de médaillon, gravé à Venise en 1655, nous a conservé les traits de d'Argenson : l'expression en est noble et sévère.

Quelques mots encore et je termine.

Blaise Pascal, qui était contemporain de notre intendant, a exprimé cette pensée : « La dernière chose qu'on trouve en faisant un ouvrage, est de savoir celle qu'il faut mettre la première. » Et cela est si vrai que je me surprends à finir là où j'aurais dû commencer. Il eût été convenable, en effet, de réclamer tout d'abord votre indulgence pour une étude qui, à raison de sa nature, offre plus d'intérêt historique que de charme inventif. Le roman et la fantaisie, ces enfants prodigues de l'imagination, n'y tiennent aucune place. J'ai dû me soumettre aux exigences de l'exactitude et de la vérité si appréciées des Antiquaires Poitevins. Enfin, une notice biographique est souvent ou trop longue ou trop courte ; surchargée de détails, elle fatigue; abrégée sans mesure, elle perd beaucoup de son intérêt. La difficulté à vaincre par l'auteur est de se tenir dans des limites raisonnables, qui ne fassent pas payer trop cher à un public intelligent et plein de bienveillance la peine qu'il se donne de l'écouter.

NOTES JUSTIFICATIVES

P. 7 et s.

« Depuis Louis XIV, tout a ployé sous les commis; toute la législation et toute la pratique administrative ont opéré contre le seigneur local pour lui ôter ses fonctions efficaces et le confiner dans son titre..... Loin de défendre ses paysans, c'est à peine s'il peut se défendre lui-même, maintenir ses immunités, faire réduire la capitation et les vingtièmes, obtenir pour ses domestiques l'exemption de la milice, préserver sa personne, sa demeure, ses gens, sa chasse et sa pêche de l'usurpation universelle, qui met aux mains de Mgr l'intendant et de MM. les subdélégués tous les biens et tous les droits. »

(TAINE, *L'Ancien régime*, p. 49.)

Cette appréciation, tout en donnant une nouvelle preuve de l'autorité discrétionnaire et envahissante des intendants de Louis XIV, établit, en définitive, qu'ils n'en faisaient usage que pour supprimer les abus de l'égoïsme féodal. Nous ne saurions admettre que l'influence du seigneur local ait été plus favorable aux paysans que l'administration de l'intendant, quelque défectueuse qu'elle ait pu être; n'avait-elle pas pour but de faire rentrer les populations rurales dans le droit commun, et, par conséquent, de les émanciper, en les sortant de la misère, de l'ignorance et d'une lourde sujétion ?

P. 21 et s.

« Le maréchal de la Mothe avait été malheureux en Catalogne, on le traita en coupable: il fut rappelé en France, emprisonné au château de Pierre-Scise, et des commissaires furent chargés d'instruire son procès « pour manquements et malversations commis en sa charge de vice-roi de Catalogne. » Ce brave officier, parent et ami de l'ancien secrétaire d'Etat de la guerre, de Noyers, fut victime de la haine de Le Tellier, qui avait succédé à de Noyers, et qui persécutait tous les protégés de son devancier. Après une longue information, qui ne fournit aucun grief sérieux contre le maréchal, il fut traduit devant le parlement de Grenoble, et finalement remis en liberté, en 1648, après trois ans d'emprisonnement. »

(Henri Martin, *Histoire de France*, t. XI, p. 199-200.)

P. 26 et s.

J'ai donné à la page 29 une lettre de Balzac à d'Argenson écrite sur le ton gai et badin. Je complète ma citation par une seconde missive du 8 octobre 1645, toute différente de la première par son genre grave et religieux. On pourra ainsi se rendre compte de la variété du style de Balzac.

« Monsieur,

Ie viens de recevoir la lettre que vous m'avez fait l'honneur de m'escrire. C'est proprement un Commentaire sur mon Discours de la Gloire; mais un Commentaire qui corrige et réforme le Texte; qui instruit et cathéchise l'Autheur. I'entre tout à fait dans vos sentimens, et vous m'avez pleinement persuadé. De telle sorte que si je me sentois aussi capable de l'employ que vous me destinez, que je le reconnois meilleur que celuy qui m'a occupé jusques à présent, vous auriez bien-tost de ma façon un Traité de l'Humilité Chrestienne, pour vous faire perdre le mauvais goust que vous a laissé celuy de la Gloire du Monde. Ie le fis autre-fois par une occasion qui m'y obligea; et mon dessein fust plustost de condamner l'Avarice, que de plaider pour la Vanité. Mais il faut, Monsieur, vous faire voir que Les Autheurs Séculiers ne sont pas toujours Autheurs Profanes, et que nous nous approchons quelquefois des matières saintes. Voicy quelque chose de Rome Apostolique et Dévote, afin que vous ne pensiez pas que je sois inséparablement attaché à Rome Consulaire et Triomphante. L'ouvrage est Chestien et composé en la langue de l'Église, Et Monsieur le Cardinal Bentivoglio l'a approuvé...... N'attendez rien pourtant, s'il vous plaist, de régulier, ni de dogmatique. Ie n'ay point argumenté, en forme : Ie n'ay point coupé ma matière par divisions et par subdivisions. I'ay choisi le stile des anciens Prophètes, plus tost que celuy des Docteurs modernes, et si je ne suis Théologien comme Bécan, je voudrois bien l'estre comme Orphée, si c'est trop de dire comme David. Ie sçauray vostre opinion de ma Théologie et de mes Vers, quand j'auray l'honneur de vous voir. Ce ne peut estre si tost que je le désire, ayant impatience d'estre auprès de vous, et de vous protester de vive voix que personne n'est plus véritablement que moy, Monsieur, vostre etc...»

P. 32 et s.

René de Voyer d'Argenson, l'intendant du Poitou, était le bisaïeul du marquis d'Argenson, ministre des affaires étrangères sous Louis XV, auteur d'un journal et de mémoires très connus. Il y raconte que son bisaïeul était homme de grand mérite et à aller à tout, homme du monde, agréable à la Cour, autant pour le moins homme de probité que de religion, mais qu'il s'était trompé sur l'article de son aïeul en lui procurant trop jeune une ambassade, et le petit-fils ajoute, avec un léger accent de malice, que son grand-père n'avait pas toujours été, comme diplomate, heureux dans ses négociations. et qu'il était ce qu'on appelle un gros fin. Toujours est-il que René II se ruina dans son ambassade à Venise, où il avait succédé à son père, en 1651, à l'âge de 27 ans ; se fit détester par le cardinal Mazarin, déplut au roi par la sévérité de ses principes, et finalement perdit sa place de conseiller d'Etat, qui fut supprimée.

J'aurai, à un autre moment, l'occasion de parler du comte René d'Argenson comme subdélégué de son père dans les élections de Saintes et de Cognac, et son successeur momentané dans la généralité de Poitiers.

OUVRAGES A CONSULTER

Le Père ANSELME. — *Histoire généalogique et chronologique de la maison royale de France, etc.* Éd. de 1730, t. VI. Généalogie de la maison de Voyer de Paulmy-d'Argenson, p. 593. — Branche des seigneurs et comtes d'Argenson. Biographie de l'intendant et de son fils (avec les blasons), p. 592-604.

D'HOZIER. — *Armorial général de la France*, 1738, registre premier, deuxième partie, p. 643. Notes sommaires se référant au Père Anselme.

Œuvres de FONTENELLE, édit. de 1818, t. I, p. 311, *Éloge de d'Argenson*.

MORÉRI. — *Dictionnaire historique*, 1759, t. X, p. 706, au mot de Voyer; p. 709, Branche des seigneurs, marquis et comtes d'Argenson; p. 710, René de Voyer, premier du nom (l'intendant); p. 711, René de Voyer, deuxième du nom, fils du précédent; et les biographies qui suivent, se rapportant à cette famille.

LA CHENAYE-DESBOIS et BADIER. — *Dictionnaire de la noblesse*, 1876, t. XIX, p. 939 : « Voyer d'Argenson, une des plus anciennes maisons de Touraine. »

MICHAUD. — *Biographie universelle*, vol. 44, p. 141 et suiv.

Dom FONTENEAU (manuscrits de). — T. XXXII, *Mém. hist. de Bourgeois*, p. 273. — T. XXXIII, *Mém. de la ville de Poitiers*, p. 72. — T. LXXIV, p. 746.

Documents inédits sur l'histoire de France. — AVENEL, *Correspondance du cardinal de Richelieu* (1630-1642); CHARUEL, *Correspondance de Mazarin* (1643).

P. ARCERE. — *Histoire de la Rochelle*, vol. 2, p. 577.

BEAUCHET-FILLEAU. — *Dict. des familles du Poitou*, vol. 2, p. 827.

BRUNET, *Manuel du Libraire*, dernière édition, supplément, page 55.

Poitiers. — Imprimerie générale de l'Ouest.

www.ingramcontent.com/pod-product-compliance

Lightning Source LLC
Chambersburg PA
CBHW070705050426
42451CB00008B/503